અમાપ

어머니

김초혜
시집

| 개정판 서문 |

아! 어머니

  우리의 삶은 어머니로부터 시작되었다.
  그 '어머니' 시집에 이십오 년 만에 새 옷을 입힌다.
  나의 어머니는 너의 어머니고, 너의 어머니는 나의 어머니다. 자식만 있고 부모는 없는 세태 속에서 어머니의 사랑을 되새겨보는 기회가 되었으면 좋겠다. 사람으로 가는 길은 어머니에 닿아 있으니까.
  어머니를 생각하면 가슴 가득 눈물과 회한에 괴로운 자식들에게 이 시집을!

2013년 3월
김초혜

| 초판 서문 |

불효로 쓴 시

 여학교 시절 어머니날 행사에 「어머니」라는 시(詩)를 읽다가 울어버린 적이 있었다. 강당에 어머니가 와 계셨는데도 불구하고 참지 못한 눈물이었다. 어른이 되어 교편을 잡고 있을 때도 어머니날 행사에 끝내 학생들 앞에서 눈물을 보이고 말았었다. 지금도 아무 때 아무 데서나 어머니를 소재로 한 노래만 들어도 울게 된다. 나에게 있어 어머니는 눈물이었다. 돌아가시어 눈물이 된 것이 아니고 살아 계실 동안에도 어머니는 눈물일 수밖에 없었다.

 조물주는 인간 모두에게 신(神)이 하나씩 필요하다는

것을 알았지만 신을 그렇게 많이 만들 수가 없어 그 대신 어머니를 주었다고 한다. 어머니는 우주이고 생명을 있게 한 근원이고 우리의 안식이고 위안이며 희망이며 신앙인 것이다. 더구나 나에게 있어서의 어머니는 더욱 그러하다.

　어려운 세상, 복잡한 생활, 삶의 흔들림과 고통 앞에서 문득문득 떠오르는 얼굴, 어머니는 영원한 마음의 고향이다. 살아 계실 때는 사랑의 슬픔으로 고향을 짓고, 돌아가신 다음에는 안타까운 후회를 일깨워서 고향을 짓는다.

　어머니의 딸로 시를 쓰며 살아온 지도 이십사오 년의 세월이 지났다. 시집이 나오면 어머니가 계신 고향엘 가리라. 꽃이 피어 더 아픈 어머니의 무덤에 엎디어 나는 또 주체할 길 없는 울음을 참아야 하리라.

　다섯번째 시집을 어머니께 드리며.

1988년 4월

金初蕙

| 차례 |

| 개정판 서문 | 아! 어머니 · 5
| 초판 서문 | 불효로 쓴 시 · 6

어머니 1 · 12
어머니 2 · 14
어머니 3 · 16
어머니 4 · 18
어머니 5 · 20
어머니 6 · 22
어머니 7 · 24
어머니 8 · 26
어머니 9 · 28
어머니 10 · 30
어머니 11 · 32
어머니 12 · 34
어머니 13 · 36
어머니 14 · 38

어머니 15 · 40

어머니 16 · 42

어머니 17 · 44

어머니 18 · 46

어머니 19 · 48

어머니 20 · 50

어머니 21 · 52

어머니 22 · 54

어머니 23 · 56

어머니 24 · 58

어머니 25 · 60

어머니 26 · 62

어머니 27 · 64

어머니 28 · 66

어머니 29 · 68

어머니 30 · 70

어머니 31 · 72

어머니 32 · 74

어머니 33 · 76

어머니 34 · 78

어머니 35 · 80

어머니 36 · 82

어머니 37 · 84

어머니 38 · 86

어머니 39 · 88

어머니 40 · 90

어머니 41 · 92

어머니 42 · 94

어머니 43 · 96

어머니 44 · 98

어머니 45 · 100

어머니 46 · 102

어머니 47 · 104

어머니 48 · 106

어머니 49 · 108

어머니 50 · 110

어머니 51 · 112

어머니 52 · 114

| 작품해설 |

김초혜의 시세계 끊임없는 재생에서 가르침으로

— 조남현(문학평론가 · 서울대 명예교수) · 116

어머니 1

한몸이었다
서로 갈려
다른 몸 되었는데

주고 아프게
받고 모자라게
나뉘일 줄
어이 알았으리

쓴 것만 알아
쓴 줄 모르는 어머니
단 것만 익혀
단 줄 모르는 자식

처음대로

한몸으로 돌아가
서로 바꾸어
태어나면 어떠하리

어머니 2

우리를
살찌우던
당신의
가난한
피와 살은
삭고
부서져
허물어지고

한생애
가시에 묶여 살아도
넘어지는 곳마다
따라와
자식만 위해
서러운 어머니

세상과
어울리기
힘든 날에도
당신의 마음으로
이 마음 씻어
고스란히
이루어냅니다

어머니 3

엎어지고
두려워도
편히 잠들고
깨서 즐거운
새 날이 되게 하시던
어머니

무덤에
볼을 대고
귀기울이면
아직도 이별 못한
덜 삭은
뼈의 울림소리

당신이 잃어버린 날을

되살려내며
세상에서
제일로
고요한 웃음
그 웃음에 실리어
살고 있습니다

어머니 4

겨울 가고
봄이 와도
텅 비인
한나절

거친 삼베옷에
흙덩이 베고
홀로 누운
어머니

새 살로 돋아난
무덤의 들꽃
울면 울음이 되고
웃으면 웃음이 되어 주고

언 가슴
매어놓고
그곳에서는
봄으로 지내소서

어머니 5

앉지도
눕지도 않고
한평생
서서 지내던
어머니

당신 살에
머물러 있는
눈물은
흐리고 햇볕나고
춥고 더운 것을
다스리는
해입니다

해를 싣고 떠나신 지

일년 삼백육십일이
스무 번은 지났어도
다숩던
당신의 가슴이
아파 옵니다

어머니 6

빈천도
고단하지 않은
당신의 의지는
미운 것 고운 것
삭임질하여
웃음으로 피우고

작은 몸뚱이
힘에 부쳐도
가녀린 허리
닳지 않는 살로
우리의
담이 되어 주고

인생의 무게

그날그날이
첫날처럼
무거워도
자식 앞에선
가볍게 지는 어머니

어머니 7

하늘과 땅은
갈라져 있어도
같이 있듯

저승에 계신
어머니는
자식의 가슴에서
이승을
함께 하시고

아플 일
아니어도
아프고
아파도
아프지 않은 마음

저가
어미 되어 알고
깊이 웁니다

어머니 8

안 감기는 눈
감으시고
감은 체
떠난 어머니

골수가 흐르게
아파와도
약으로 나을 병
아니라시며
약 없이
천명(天命)으로
견디신 어머니

어머니 떠나신 후
생명 안에서

죽음을
죽음 속에서
생명을
풀어가며 삽니다

어머니 9

뇌출혈이라는 의사의 진단
정신을 놓으신 초췌한 모습
눈이 내리는 병원의 숲
그렁 고이는 눈물

새벽은
아직도 혼수상태
나리꽃처럼
잠든 베드

세상이 뒤집히는
어지러움 속에서도
내가 아는 건
혈압, 체온, 맥박
그리고 호흡

밤이 지나도 지나도
물이 오르는
뒤늦은 효도

117호 병실에 가득찬
그늘진 얼굴
흐느끼는 다리

〈혈압이 얼마죠〉
〈120에 70입니다〉
간호원의 한마디는
간사스럽게도
평정을 준다

어머니 10

가시울을
껴안듯 살아도
피었다 이우르는
꽃을 보아도
조용한 그 모습

하얀 가리마에
홀로 새긴
슬픔이 고였대도
정녕
임종이어야 합니까

촛불을 켜도
비인 방
반가운 이 와도

비인 집

어머니
참말 말할 것이
아무것도 없단 말입니까

바늘쌈에
아직도
바늘은 꽂혔는데
머리를 풀어라
머리를 풀고 곡을 하란다

어머니 11

꿈에
울고 난 새벽
가슴에 묻힌
어머니 무덤에
무슨 꽃이 피었던가

뒷산골에
부엉이 울다 가면
그 산에 가득한
어머니 얼굴

현(絃)이 끊기고
말았던가
하늘빛이
변했던가

꽃필 날
다시 없을
뿌리가 뒤집힌
나무들은
생명이 병보다
더 아프단다

어머니 12

어머니는 무덤에 계시면서도
농 속에도 계시고
부엌이나 장독대
시장 구석구석
어물전에도 계시어
손끝에 묻은
생활의 때를
빛내주신다

어둑해오는 봄날 저녁
상긋한 산나물에서도
숱한 이야기는 살아나
살이랑마다
접어 논 아픔이
펼쳐지고

살면서 멀어질 줄 알았던
베쪽같이 해쓱한
마지막 모습은
이승과 저승에 다리를 놓는다

퍼덕이는 외로움 물고
젖은 구름을 타고
떠난 어머니
살 익는 입김에
가슴 메여
뒤채이다 나면
남겨두신 정(情)에 운
꿈이었다

어머니 13

홀로 삭이어
보내신 일월(日月)
마디마다 고여오는
피멍든
그리움에
천추(千秋)의
길목에 서서
울고 계시던
어머니

차곡차곡 접어둔
옷갈피 사이에
하얗게 바래진
당신의 멍에

임 없던 빈 자리에
묻어둔 고통이
싸늘한 체온되어
임종입니다

어머니 14

무덤의 습기가
가슴을 적시었대도
어머니
아직은 눈을 감지 마셔요

목숨의 불꽃을
끄고 가시던 삼월
가슴에 흰 댕기 들여놓고
비 되어 오늘까지
눈물입니다

꽃밭처럼 필 웃음도
한숨으로 삼키시고
혼자서
작게 움츠러들던

어머니

다정한 그 목소리
바람되어 들림일까
바람부는 날에는
더욱 못 잊는
이 아픔

지금
어메도 아베도 다 가고
설움은 버릇이 되었어도
서로가 아파하고
사랑하는 것은

어머니 15

오늘은 추석입니다 어머니
뜨거운 목소리를 남긴 채
홑적삼만 입고 가신
우리 어머니
첫애기 안고 와서
이렇게 웁니다

이 들녘은 다 비었습니다
인생은 한번 노래하고
한번 꿈꾸는 것이라고
아무것에도
감동되지 않던 마음인데
풋풋한 밤 대추가
가슴을 칩니다
유언 대신 두고 가신

저고리섶에 꽂혔던
바늘에 찔려
나온 피
거기
문득 뜨락에 와 계신
어머니를 보았습니다

내 가슴가에서
헤매던 그 손이
잠이 깨어도
잠이 들어도
꿈을 꾸게 합니다

어머니
오늘은 추석입니다

어머니 16

충청북도 괴산
깊은 산골에
무슨
고요가
이리도
아프답니까

당신이
원하던 것
이루어내
달려와봐도
닫혀진 무덤
열리지 않고

자식의 가슴에서

어머니
오늘
하루 낮이라도
행복으로
묶어주소서

어머니 17

배고파하고
추워하고
힘겨워하는 건
불효가
아닌 줄 알았어라

한숨을
짓는 것도
아픈 티를
내는 것도
달고 쓴 맛을
가리는 것도
불효인 줄 몰랐어라

거친 것을 먹고

굵은 베옷을 입고
고통만 더하면
불효가
끝나는 줄 알았어라

어머니 18

모자람도
흠도
깨달아
알 때까지
감탄도
나무람도
없던 어머니

잊고 싶은 것은
아픈
불효 아니고
저입니다 어머니

흐린 소견
알려드리러

무덤에서
어머니 어머니

어머니 19

참는 괴로움을
즐기시는 어머니
세상에 그런 일
어찌 있으랴

불효가 다시는
얼씬 못하게
뿌리를 뽑아
당신을 빛내려는 날
어둠 속에서
밝아 오십시오

당신의
몸과 생각
자식에게 주고도

자식에게 의지하면
눈물로 흔들린다고
의지함을
버리신 어머니

괴로움이 없다는 말씀은
즐거움도 끝이라는 걸
이제 와
알게 되었습니다

어머니 20

온갖 괴로움
그 몸에 모였어도
밀어내어
마음에
근심하는 일
없으신
어머니

살이 아프고
뼈가 틀어지는
세속적인 갈등을
어찌
덧없음으로 보셨습니까

만족할 때 없어

괴로움에 얽히다가
당신의 말씀
떠올리며
마음의 속된 이익에
부끄럽습니다

어머니 21

이기는 것도
지는 것도
모두 참으시던
어머니

괴로운 일도
혼자서 풀고
혼자서 묶으며
수수백년의 설움으로
당신의
육신은 헐리어지고

평생에
구차하고 비굴한 일
없으시지 않으련만

꽃 뒤에 숨어서
빈 기쁨으로
작은 웃음을 짓던
어머니

어머니 22

긴 한숨 거두시고
가신 그날로
이십년 나날이
한숨입니다

웃음소리 있는
세상보다
어둠의 끝
그곳이 편안해
햇빛을 끄고
그곳으로 가시었소

무덤 앞에 서서
당신의 허물인
나를 울며

갈 곳 없어도
돌아섭니다

어머니 23

아무리
작은 일이라도
모진 일은
하지 말라시던
어머니

자식을 사랑하되
결점을 알아
나무람 주셨고
나무람하되
장점을 알아
대견하다
꽃피워 주시던 어머니

오십사년 지탱하신

생명을
미련없이 벗으시고
자식의 가슴에서
길게 사시는
우리 어머니

어머니 24

무언 일이건
때가 있고
끝이 있는데
불효엔 끝이 없어
느껴웁니다

꽃필 적엔
덧나는 그리움
꿈에라도 만나지면
아프게
사무칠세라

어머니 가신 곳
헤어짐과 만남의
설움 없어

마음을 쉬게 하고

고달픔 저절로 풀리어
고요하기
하늘보다 위인 곳이건만
오고 가는 것
어렵기에
남은 삶을 어이하리

어머니 25

어머니 곁일 땐
해의 밝기가
더하였고
떠나시니
달의 밝기가
더하오

서리땅 밟으며
살아도
시름으로
가슴 조이지
않으셨고

속된 세상 괴롬
외면하며

가난하게 웃던
차마 모를
어머니 마음
어디서 다시 만나랴

어머니 26

떠나신 후
세상의 행복을
구하기도 싫고
얻기도 싫었습니다

진실의 웃음도
괴로웠고
행복함에도
슬픈 생각만
더해왔습니다

세속의 소망도
잿더미되고
고통마저도
무상(無常)이 되고 말았습니다

스스로 제 뿌리를

뒤집어

비틀거리며

어두워지고 있습니다.

어머니 27

무슨 일이든
다하여도
다함은 없어

마음대로
성내고
하고 싶은 것
즐겨도
괴로움은 있기 마련

자신을 다스려
고요한
즐거움을 지키라는
어머니

자식 사랑하듯
세상 일
거두어 잡고
한갓되이
근원을 닦으시는 어머니

어찌해
괴롬을 벗어나려 하지 않고
괴롬으로써 벗어나려 하십니까

어머니 28

태에 들어서
지금까지
서투러서 괴로운
자식 노릇이오만
어머니 있어
즐거운 집

눈이 멀어도
겁나지 않고
세상이 멈추어도
두렵지 않아
봄날과 같이
생에 취해
우루루 몰려오는
행복을 봅니다

미움도
싫음도
모르시지 않으련만
어제나 오늘이나
한날같이
사람의 도리에
순응하시는 어머니

어머니 29

듣고 배워도
안 배운만 못하면
배움이 욕이 되고

내 속 짚어
남의 속이라고
마음의 눈을
열어주던
어머니

작은 마음으로
삶을 지키는 일
생활로 보이며

당신을 위해서는

살지 않은
어머니

당신의
따뜻한 손목
다시 잡고 싶어라

어머니 30

세상을 낳고
사랑을 낳아서
그 속에 자식을 낳아
기르신 당신이어라

당신은
고통으로 아픈 가슴 아닌
사랑으로 아픈 가슴
지녔어라

자식의 번민은
눈치채이지 않게
당신의 가슴에
품어 삭였어라

기쁨과 슬픔을
달리해본 적이 없기에
자식 일엔
두려움 또한
없으셨어라

어머니 31

고향 떠난 자식
꿈꾸며 그리어도
오늘의 고통이
내일의 소망이기 바래
저무는 황혼에 서서
자식을 지키시는
어머니

당신의 희망이
고통 속에 묻혀버려도
맑은 그늘 속
얼굴빛
언제나 고왔어라

어머니

당신이
삼켜버린
고통의 무게
얼마입니까

불효는 저희를
주저앉혀
일어서지 못하게 해도
고달픈 눈을 감고
어머니의
꿈 속으로 갑니다

어머니 32

자식을 즐기는
어머니 사랑
자식의 가슴에
물로 새겨지고
어머니를 그리는
자식의 사랑
어머니의 가슴에
불로 타면서
주고 받음이 아니게
줌으로써
섞이게 한다
숨어 있으나
영원한 근원
어둠도
빛도

맑게 해
하늘과 땅을
가득 채운다

어머니 33

다른 이의 몸을
아끼면
좋은
빛 속에 살고

내 몸을
아끼면
어둠 속에서 산다던
어머니

다른 이의 몸
아끼기
어려운 줄
내 몸을 아끼며
알게 되었어도

당신의 말씀
나도 모르게
내 안에
꽃으로 핍니다

어머니 34

헤어져
흐려지지 않는
얼굴 없고
멀어져
잊히지 않는
정이 없는데
잊는다 생각는다
구별 없이
오래도록
다하지 않는 것 있어라

자식의 것이라면
더러움도
당신의 것이라
덮어 숨기고

자식을 밝히기 위해
스스로 태웠기에
달다 삼키지 않고
쓰다 뱉지 않으며
키우고 깨우는 일
마땅하다 건느셨네

어머니 35

낳아
기르고도
사랑이라고
말하지 않고
희생이라고
생각지 않아
더 큰 사랑

보아도
보이지 않고
들어도
들리지 않아
눈멀고
귀먹게 한 사랑

일년에 하루라도
불효라 이름하여
무거운 사랑
부려 놓으소서

어머니 36

고운 옷보다는
덕을 쌓으라던
당신의 소박함이
뿌리를 내려
화려함은
부끄럽습니다

사치하면
검소해지기 어려우니
검소함 몸에 익혀
쓸데없는 꾸밈
벗으라던 말씀
지금도 들립니다

사람으로 쓰이지 못하면

부모에게 누가 되니
자기를 이겨내
몸과 목숨
헛되이 말라는 말씀
저를 겹으로
두렵니다

어머니 37

이승과 저승을
합할 수 없어도
어머니는
이승의 반쯤으로
나를 지키고
나는
저승 가까이
어머니 곁입니다

살아 계시나
않으나
생각키 나름
나를 두르는
당신의 사랑은
모든 것의

근본이 되어
본성을 편케 합니다

어머니 38

말 잘하는
사람보다
입이 어눌한 사람
더 믿으시고

지식을 알고
세상을 아는 것도
중하지만
참을 줄 아는 것이
제일이니
심성을 구부릴 줄
알라 하시고

내보이는 정(情)보다
간직한 정이

더 깊은 것이라고
그늘이 빚인 것도
알게 하셨네

어머니 39

필경엔
어버이 될 줄
어이 알았으리

원하옵건대
지난 세상
있었던 일
모두 버리고
다시
자식으로
태어나기를

지극한
마음 있으면
언젠가는 만나지는데

비길 데 없는
괴롬

의지없이
제 갈길 보지 못해
허둥댑니다

어머니 40

희끗희끗한
머리칼을 날리며도
불효에 묶이면
울게 됩니다

가면
오지 않는
사람의 목숨
모르지 않았어도
무심히 지내다가
금가버린
당신의 육신을
허물었습니다

어떠한

뉘우침도
고통을 멈추게 못하고
불효는
당신의 눈물입니다

어머니 41

밤이면
꿈 속에
자주 오십시오
꿈 속에
오시었다
행여
발길이 돌려지지 않을까
오다가 가십니까
제 빛대로
살기 어려운
분분한 세상
켜켜이 쌓인 적막
달래주러 오십시요
눈이 내리고
비가 내리면

당신의 모습
겹쳐와
나를 지웁니다
웃음 속 눈물이
모여서 흐르며
자꾸 나를 지웁니다

어머니 42

더울세라
추울세라
자식 걱정 어이하고
그리 바빠
떠나셨오

서리 내리면
얼음 어는
쉬운 이치
무에 어려워
떠나신 후
비로소
불효에 웁니다

하루는

그 하루를 무너지게 해도
침묵으로
주시는 말씀
저를
일어서게 합니다

어머니 43

형제와
우애롭지 못하며
어찌
친구와는 사귈 수 있느냐고
먼 데 사람
가까이하려 말고
가까운 형제와
구순하게 지내라던
말씀 그리워

우애하고자 해도
그 형제 흩어져
못 미침이니
불효와 버금가는 괴롬

삶을 아프게 하고

한몸에서 나뉘인 형제
정의 깊기로 하자면
더 무엇 있으리
나와 같은 너를
너와 같은 나를
어머니는 한몸으로
사랑하시는데.

어머니 44

번민에 잠겨도
오직 어머니 계시기에
긴 밤도 짧게
순결한 잠을 가졌어라

빛나며 흐르는
당신의 눈물은
고달픈 꿈이 주어져도
영원한 생을 있게 했어라

사랑과 미움의
구별을 잃어
모자란 자식이
무안을 느낄까

일부러 돌아앉아
못 본 체하였어라
고생스럽기 더할 수 없어도
일생 속에 홀로 앉아
행복은 나누고
슬픔은 혼자 가진
어머니를
자식은 울어라

어머니 45

어느 때 한번
음식으로 정성껏
모시지도 못했고
잠자리 편안케
해드리지도 못했으며
더구나
그 뜻 따르지
못했어라

당신의
가슴에 있는
기운(氣運)
거슬려서는 안되는 줄
그 기운
식은 후에

알게 되었고

소용없이
슬픔만 깊고
제사만 지극해도
엎드린 자식을
일으키시는
어머니, 어머니

어머니 46

목숨이
끝나는 건 아니면서
떠나신 날부터
몸은
무너지기 시작했습니다

살아서 자식에게
괴로움 주지 않으려
감정을 감추며
조심스레 사셨는데도
당신은
괴로움만 길게 합니다

슬퍼하고 그리는 마음
무엇을 다시

할 수 없어도
불효만
더하고 키워서
한 세상을
건넙니다

어머니 47

세상의 일
욕심대로 되지 않으니
욕심을 줄이라는
말씀

애써 하려 해도
안되는 것 있고
저절로 두어도
되는 일은 된다고

모든 허물은
제가 지어
제가 입는 것이니
그것에 매이지 말고

스스로 억제하는 힘
기르라는
당신의 뜻
따르기 어려워라

어머니 48

배움은 있으나
덕이 없는 사람보다
비록 배움 없대도
덕이 있는 사람
귀히 여기셨고

재간이 있는 이보다
무뚝뚝해도
한결같은 이
가까이 하셨고

자식이 밖으로
떠돌때는
끌어당겨
안으로 밝혀주시고

오랜 고통도
잠깐의 기쁨으로
흡족하시던 어머니
온마음 다해도
아득하여
도달할 수 없어라

어머니 49

매를 들고
성내고
미워하는 일
뒤로 하고
우선은
가르쳤어라

가르침이 없는
사랑은
자식을
자라지 못하게 함을 알아
뜻은 받아주지 않으면서
허물은 눈감아주셨어라

남과 다투었을 땐

자식이 옳은 줄 알아도
두둔하지 않으시고
아서라
다투지 마라
서로 흠을 만들지 말고
되도록 유순하라 하였어라

어머니 50

빛 중에
해가 으뜸이듯이
사람 중에
어머니 제일이시네

학문을 많이
익힌 건 아니지만
사람의 법도(法道)
잘 다루시었고

의학을 몰라
의술은 아니어도
자식의 병
신통으로 다스리시고

당신의 병은
깊어도
앓지 않으시고
작은 몸 어디에
그런 힘
숨어 있답니까

어머니 51

저승길이 멀다해
어머니 가실 곳이
저승인 줄 몰랐오

세월이 긴 줄 알아
몸도
마음도 잊어
무심하였더니
아침에 웃으시던 모습
저녁나절 걷우시고
북망산 그 길로
누굴 만나러
홀로 가시었오

해를 넘겨 어둠 와도

달을 지워 날 밝아도
흙으로 다지고
떼를 입혀 막아도
들립니다 그 목소리

달은 져서 어두워도
하늘에 있듯
가슴에 무덤을 안고서
어허 어허이 어허 어허이

어머니 52

오백리 떨어진 고향이
세월이 갈수록
더 가깝습니다

봄에 안겨
자식을 안고
누워 있는 어머니

스무해를 당신 앞에
무릎 꿇어 울어도
불효는 불어나기만 하고

덮힐세라 가슴 죄며
울고 덮은 흙무덤인데
오늘은 떼를 밟으며

긴 봄날을 보냅니다.

| 작품해설 |

끊임없는 재생에서 가르침으로
김초혜의 시세계

조남현(문학평론가·서울대 명예교수)

 시에 있어 어머니란 존재는 아주 흔한 소재에 속한다. 또한 시인이 자기의 어머니를 향해 갖는 감정은 그것이 결국 그리움의 감정으로 모아지든 아니면 찬미의 형식으로 빠져버리든 '개성적인' 색깔을 띠기가 어렵게 되어 있다.
 왜냐하면 한 개인이 어머니란 존재를 향해 지니는 감정의 조류만큼 논란의 여지가 없는 것도 드물기 때문이다. 대다수 개인들은 자신에게 필력(筆力)만 주어졌다면 어머니에 관한 글을 써보고 싶다는 충동을 지니고 있는 만큼, 시인만이 어머니에 얽힌 특수체험을 했노라고 내세우기가 기본적으로 어렵게 되어 있다는 것이다. 어머니에 관한 한 거의 모든 사람들이 남에게 뒤지지 않을 만큼의 '특수한' 체험과 '충격적인' 사연을 지니고 있다고 하는 마당에서 시인들이 '낯설게 하기'의 효과를 최대한으로 살려내는 시를 내놓기란 결코 쉬운 일일 수 없다.

  어머니란 존재를 소재로 취하는 시인들에 있어 충분히 감동을 사는 개성적인 목소리와 사연의 확보, 이미 높아질 대로 높아진 독자들의 기대지평(期待地平)의 충족 및 극복은 필수과제로 인식되어야만 한다. 시적 소재로서의 어머니가 기본적으로 이러한 난관을 안고 있는 한, 어머니를 대상으로 하여 울림이 있는 시를 쓴다는 것은 처음부터 큰 모험이라 아니 할 수 없다.

  그러나 어머니를 대상으로 한 시를 한 번도 써본 적이 없는 시인들까지 합하여 모든 시인에게 있어서 어머니란 존재가 매개체가 되어 빚어진 감정과 인식이 시적 상상력의 단초(端初)를 마련하는 것임은 부정키 어렵다. 어머니의 조건 없는 무한한 사랑에 대한 감응(感應), 어머니의 희생정신에 대한 찬미의 충동, 어머니의 부재(不在)로 말미암은 결핍감 등은 시적 상상력의 씨앗이라 할 수 있는 향수와 동경, 절대적인 신앙, 절망과 한(恨) 등으로 발전되거나 심화된다. 이는 한 개인이 어머니를 타자(他者)나 대상으로 인식하기 시작하면서 사랑의 실체를 더듬게 되고, 본원적(本源的)인 힘과 생명을 감지하게 되고 더 나아가 자기 내면에서의 아니마의 존재와 에네르기를 감득하게 되는 것과 같은 이치라 할 수 있다. 또한 시적 상상력에 있어 이미 몇몇 대시인들이 그 좋은 실례를 보여주고 있는 것처럼 이른바 여성 콤플렉스가 자주 핵심부를 차지해 왔던 것을 보면, 어머니 체험의 중요성은 더 이상 강조할 필요가 없을 것이다. 한 개인의 여성 콤플렉스, 때로 시적 상상력을 한껏 타개해 주는 힘을 과시하기도 하는 여성 콤플렉스를 가장 먼저 앞장서서 그 자리와 방향을 잡아주는 존재는 역시 어머니이기 때문이다.

이미 고인이 된 어머니를 안타까워하고 그리워하는 형식으로 나타나든, 아니면 현재 살아 있는 어머니의 만수무강을 기원하는 형태로 나타나든 일단 어머니를 소재로 한 시들은 시인 그 자신들로 하여금 근원과 고향, 과거와 운명 그리고 혈연, 양심 등과 같은 개념들을 응시하게끔 만들기도 한다.

어머니란 소재가 한 시인으로 보아서는 모험일 수도 있는 이유를 앞서 제시한 바 있거니와, 김초혜는 이런 모험에 과감히 뛰어들면서 어머니를 소재로 한 시들의 '존재론(存在論)'으로서의 가능성을 잘 일구어내려는 데서 출발하고 있다. 김초혜는 50편이 넘는 「어머니」 연작시를 써

내려간 그 사이에 저절로 자기 자신을 돌아볼 수 있게 된 것이다. 그리하여 어떻게 사는 것이 가장 가치 있는 삶인가? 도대체 진실된 인간의 모습은 어떠한 것인가? 등의 질문에 대한 답을 마련해 보려 했고 슬픔과 보람, 삶과 죽음, 욕심과 선 등의 개념을 피부로 느낄 수도 있었다.

어머니라는 '흔해빠지고' '아예 기대지평이 높아져 버린' 소재를 일회성으로의 가치가 충분하고, 승화의 향취가 가득한 그러면서도 '존재론(存在論)'에 뛰어든 흔적이 분명한 시편에 닿고자 한 김초혜의 노력은 결코 예사롭지가 않다. 김초혜의 노력의 과정은 대략 다음과 같은 네 단계로 나누어 생각해 볼 수 있다.

① 이미 20년 전에 고인이 된 어머니를 슬픔의 감정으로 다시 만남

② 시인의 현재의 삶 속에 어머니의 존재가 녹아들어가 있음을 확인함

③ 어머니의 삶의 자세를 지고지순(至高至純)한 것으로 풀이함

④ 어머니를 교사의 이미지로 확정시킴

만일 이 연작시가 ①, ②의 단계에서 멈추었다면 김초혜의 모험은 실패로 끝날 가능성이 커졌을 것이다. ③과 ④의 단계 특히 ④의 단계로까시 나아갔기에 「어머니」 여

작시는 개성의 착색(着色)이 분명한, 그러면서도 인간의 삶과 존재에 근본적으로 관여하는 핵심개념들을 불러 모으려는 손짓이 분명한 시가 될 수 있었던 것이다.

다시, ①과 ②는 고인이 된 어머니를 소재로 할 때 곧잘 드러내기 마련인 조시(弔詩)의 형태로 기울고 있으며 ③과 ④는 고인이든 살아계시든, 어머니를 대상으로 하는 시에 있어서 가히 주류라 할 수 있는 송(頌)의 형태를 취하고 있다. 물론 조시와 송의 형태는 상호침투가 얼마든지 가능한 것인 만큼 엄격하게 또 쉽게 준별될 수 있는 것은 아니다.

김초혜는 「어머니 5」에서 "해를 신고 떠나신 지/일년 삼백육십일이/스무 번은 지났어도" 어머니를 떠올리면서 우는 일이 자주 있다고 고백한다. 그녀는 어머니가 돌아가시던 그때의 광경을 회억(回憶)으로 건져 올리면서(「어머니 9, 10, 11」) 슬픔에 젖었고, 바람부는 날에는 목소리가 들리는 듯하여 슬픔이 아픔으로 느껴져 왔고(「어머니 14」), 추석 때는 "풋풋한 밤 대추가/가슴을 치기도 한다"(「어머니 15」) 김초혜는 어머니가 돌아가신 슬픔이 하도 크고 오래간 나머지 "세상의 행복을/구하기도 싫고/얻기도 싫었고" "스스로 제 뿌리를/뒤집어/비틀거리기도"(「어머니 26」) 했던 것이다.

그럼 김초혜는 이미 20년 전에 세상을 떠나신 어머니에 대한 슬픔과 안타까움을 어째서 자주 반추하게 된 것일까. 연작시 전체에서 송(頌)의 형식을 유지하고 있는 시들이 큰 비중을 차지하고 있는 것에서 어머니를 향한 시인 자신의 신앙으로 통하는 사랑이 각별한 것임을 쉽게 짐작할 수는 있다. 그러나 상식에 비추어보면, 어머니에 대한 추모의 정이 제아무리 각별하다 해도 20년 동안 형성된 망각의 강의 깊이와 폭도 무시할 수는 없다. 여기서 우리는 무엇이 시인 김초혜로 하여금 쉽게 또 자주 어머니의 부재를 안타깝게 여기는 마음을 불러일으키는지 되묻지 않을 수 없다. 이에 대한 답은 우선 「어머니 1」과 「어머니 7」에서 마련해 볼 수 있을 듯하다.

쓴 것만 알아
쓴 줄 모르는 어머니
단 것만 익혀
난 줄 모르는 자식

처음대로
한몸으로 돌아가
서로 바꾸어

태어나면 어떠하리

　　　　　　　　　—「어머니 1」에서

　바로 김초혜는 20년 가까운 세월을 한 자식의 어머니로서의 길을 걸어오면서 20년 전에 고인이 된 어머니의 희생정신과 인고(忍苦)의 태도, 야심과 신념보다도 더 뜨거웠던 숙명론 등을 하나하나 현장검증할 수 있었고, 그때마다 그녀는 뼈저린 슬픔과 가슴 저미는 회한을 느낄 수 있었던 것이다. 어머니는 '쓴 것만 아는' 존재요 자식은 '단 것만 아는' 존재임을 일종의 이치로 터득하면서 그 사이에 김초혜는 대부분의 여인들이 다 그러한 것처럼 돌아가신 어머니와 같은 길을 걷고 있다고 느꼈을 터이고 때로는 과거의 자식노릇과 현재의 어머니노릇에 대해 회한과 반성의 표정도 지었을 것이다.

　아플 일
　아니어도
　아프고
　아파도
　아프지 않은 마음

저가
어미 되어 알고
깊이 웁니다

—「어머니 7」에서

  어머니란 자식이 조금만 아파도 실제로 크게 아프고 또 마음이나 육신이 아픈 것을 일체 내색해야 하지 않는 존재임을 김초혜는 어머니로서의 길을 걷는 사이에 체득할 수 있었고, 다시 이러한 감지(感知)는 돌아가신 어머니의 삶이 얼마나 희생적이었고 불행했는가에 대한 새삼스러운 각성을 낳게 되었고, 이 각성은 슬픔의 불꽃으로 피어오르게 된 것이다. 김소월(金素月)이 시 「父母」에서 "묻지도 마라라, 來日날에/내가 父母되여서 알아보랴?"고 조용히 다짐했던 바를 김초혜는 실제로 겪었고, 자기가 부모가 되어보아야 부모 마음을 알 수 있다고 한 철리를 굳히고 있다.

  그런데 이 경우, 어머니노릇 하는 데 있어 자신은 어머니만 못하다는 따위의 한계감이나 반성은 돌아가신 어머니에 대한 슬픔이나 그리움과 선후관계가 끊임없이 뒤바뀌는 것이라 할 수 있다. 또한 동전 앞뒷면의 관계라고도 볼 수 있다. 어머니와 같은 길을 비슷한 모습으로 걷고 있다는 자각, 어머니만큼 희생적이고, 인내하는 태도는 갖출 수 없다는 한계의식 등은 어머니를 더욱 연민의 시선으로 바라보게 하고 마침내는 신성화시키는 결과까지도 빚게 된다.

  뼈를 깎는 아픔과 가슴을 저며오는 슬픔의 감정을 유발시키는 존재로만 여겨졌던 어머니는 마침내 시인의 '의식 속에서' 힘을 갖게 되며 부활하게 된다. 김초혜는 "저승에 계신/어머니는/자식의 가슴에서/이승을/함께하시고"(「어머니 7」)라고 노래하고 있고 "어머니는/이승의 반쯤으로/나를 지키고/나는/저승 가까이/어머니 곁입니다"(「어머니 37」)라는 문자 그대로 간명(簡明)한 표현을 얻고 있다. 이는 날카롭고도 따뜻한 김초혜의 주문 속에서 그녀의 어머니가 재생한 것을 뜻하는 것이라고도 할 수 있다. 그녀는 슬픔과 아쉬움으로 뒤범벅된 회억의 수준에서 한 걸음 더 뛰어올라 어머니에게 생명을 불어넣기 시작하였으며 '살아 있는 자'에게 일종의 의미로서 역사(役事)할 수 있는 무대를 꾸미기 시작하였다.

    세상과
    어울리기
    힘든 날에도
    당신의 마음으로

이 마음 씻어

고스란히

이루어냅니다

—「어머니 2」에서

어머니는 무덤에 계시면서도

농 속에도 계시고

부엌이나 장독대

시장 구석구석

어물전에도 계시어

손끝에 묻은

생활의 때를

빛내주신다

—「어머니 12」에서

제 빛대로

살기 어려운

분분한 세상

켜켜이 쌓인 적막

달래주러 오십시요

—「어머니 41」에서

「어머니 2」는 시인이 어머니를 떠올리면서 소외감을 치유하게 됨을 보여주고 있고, 「어머니 41」은 어머니가 적막감을 달래줄 것이라고 기대하는 마음을 드러내 보인다. 그런가 하면 「어머니 12」에서는 시인에게 어머니의 살림살이 방법이 하나의 귀감이 되고 있음을 짐작할 수 있게 된다. 이처럼 김초혜에게 그의 어머니는 때로는 위안의 힘으로, 때로는 생활철학의 한 모범으로 기능하게 된 것이다. 어머니를 향해 헌시(獻詩)를 한 시인들은 어머니가 생전에나 사후에나 자신에게 '힘'이 되고 있음을 역설한 데서 또하나의 공통점을 마련하기도 하였다. 가령, 68년도 「어머니」 연작시집을 펴낸 바 있는 박목월(朴木月)은 어렸을 때 보아온 어머니의 삶의 모습을 구체적으로 그려내기도 하고(예: 「어머니가 앓는 밤에」 「달빛이 하얀 숲길」 「外家로 가는 길」) 온갖 고생을 해온 어머니가 종국에는 천사 같은 모습으로 투영되고 있음을 양각(陽刻)시키기도 하는 등(예: 「어머니의 香氣」 「어머니의 音聲」 「어머니의 눈물」 「讚歌」)의 방법을 구사하는 가운데서도 어머니가 자신에게 정신적으로 큰 힘이 되고 있음을 잊지 않고 노래하였다. 목월은 특히 「어머니에의 祈禱 1~8」을 통해 자식의 내면 속에서 어머니가 성모(聖母)로서의 권능을 발휘하고 있고 또 그렇게 해주기를 바라는 마음을 잘 표현해

보였다.

> 언제나
> 당신은 제 안에 계시고
> 외로울 때 어려울 때
> 부르기만 하면
> 눈물어린 계시로 당신은
> 제 안에서 살아납니다.
> ―「어머니에의 祈禱 3」에서

그런가 하면 정한모(鄭漢模)는 시집 『새벽』(1975)에서 「어머니」 연작시 1~6을 통해 현재 80 넘어 살아 계신 어머니가 아직도 오로지 후손들과 가정을 위해 노심(勞心)하고 일하시는 모습을 스케치하는 가운데 제4번의 시에서 다음과 같은 표현을 얻고 있다.

> 나에게 이젠
> 한방울 안약처럼
> 눈에 들어오고
> 한알의 레몬 캔디
> 한 송이 장미의 향기

그 무게로 남아 계신
어머니

　김초혜는 "눈물 어린 계시로 당신은/제 안에서 살아납니다"라고 목월이 노래하고, 정한모가 "한 송이 장미의 향기/그 무게로 남아 계신/어머니"라고 감득(感得)한 데서 한 발자국 더 내디디려는 몸짓을 분명하게 내보이고 있다. 김초혜는 어머니가 단순한 과거의 존재가 아니라 자식의 삶 구석구석과 내면에서 현전(現前)하는 존재임을 강조하는 의미에서 또 단순한 '있음'의 형식에서 벗어나 '가르침'의 형식으로 자리 잡고 있음을 역설하는 뜻에서 더 이상 조시(弔詩) 혹은 애사(哀詞)의 형식에 머물려고 하지 않았다. 그러고는 송(頌)에의 적극적인 전환을 시도하게 된다. 어머니를 대상으로 한 시에 있어서 조(弔)의 축(軸)이 상실감, 허무감과 같은 음지의 감정에 뿌리를 내리고 있는 것이라면, 송(頌)의 축은 후손들에게 또 하나의 전범(典範)을 보여주려는 자세, 기도하는 몸짓에 근거를 두는 것이라 하겠다.
　김초혜는 우선 어머니의 생전의 삶의 태도를 지고지순한 것으로 미장하는 작업에 뛰어들고 있다.
　"약 없이/천명(天命)으로/견디신 어머니"(「어머니 8」),

"당신은/고통으로 아픈 가슴 아닌/사랑으로 아픈 가슴/지녔어라"(「어머니 30」), "낳아/기르고도/사랑이라고/말하지 않고/희생이라고/생각지 않아/더 큰 사랑"(「어머니 35」), "매를 들고/성내고/미워하는 일/뒤로 하고/우선은/가르쳤어라"(「어머니 49」) 등등의 구절은 어머니를 무한한 사랑과 희생과 인고의 심상으로 채색하려 한 작업의 값진 산물에 해당된다. 어머니를 '성모(聖母)'의 이미지로 끌어올리려 한 노력의 흔적은 연작시 어느 부분에서든 쉽게 찾아볼 수 있다.

만일 김초혜가 위와 같은 구절들이 핵심이 되고 있는 미화작업에서 「어머니」 연작시의 마지막 진경(進境)을 마련하려 했다면 일부 독자들로부터 실감이 나지 않는다든가 거리감이 있다든가 하는 것과 같은 반응을 얻기가 쉬웠을 것이다. 앞서 논한 목월이 해낸 구체적이며 사실적인 사연제시가 뒤따르지 않은 만큼 독자들의 공감대 형성은 쉽게 이루어지지 않았을 법도 하다.

그런데 김초혜는 이렇듯 있을 수 있는 결과를 예견이라도 한 듯 구체적인 사연의 뒷받침을 받지 못한 일방석인 어머니 찬미의 단계에서 개성미가 분명하여 공감도도 한껏 높아진 창법을 향해 한 걸음 더 내딛게 된다.

김초혜는 어머니가 혹은 밀씀으로 혹은 말없는 실천력

으로써 자기와 형제들을 가르쳤던 내용을 야무지게 모으고 다듬어서 내보이고 있다. 바로 이 부분에서 김초혜는 어머니란 평범하기 짝이 없는 소재를 '개성 있게' 또 '비범하게' 처리하는 능력을 과시할 수 있게 된 것이다. 그리고 많은 독자들의 머리를 끄덕거리게 만드는 힘을 확보할 수 있게 된 것이다.

> 아무리
> 작은 일이라도
> 모진 일은
> 하지 말라시던
> 어머니
>
> ―「어머니 23」에서

> 듣고 배워도
> 안 배운만 못하면
> 배움이 욕이 되고
>
> 내 속 짚어
> 남의 속이라고
> 마음의 눈을

열어주던

어머니

—「어머니 29」에서

다른 이의 몸을

아끼면

좋은

빛 속에 살고

내 몸을

아끼면

어둠 속에서 산다던

어머니

—「어머니 33」에서

아서라

다투지 마라

서로 흠을 만들지 말고

되도록 유순하라 하였어라

—「어머니 49」에서

이상의 시편들은 어머니가 혹은 말로 혹은 행동으로써 가르친 내용들 중 '타자본위(他者本位)의 삶의 자세'를 강조한 공통점을 지니고 있다. 위의 시편 말고도 47번의 시를 보면 어머니는 세상사 자기 욕심껏 되지 않으니 욕심을 줄이라는 충고를 해주신 것으로 되어 있고, 43번을 보면 사람 중에 형제애(兄弟愛)가 가장 기본적인 것임을 강조한 것으로 나타난다. 이 외에도 어머니는 수신(修身)의 중요성을 힘주어 가르친 것으로 그려지고 있다.

> 마음대로
> 성내고
> 하고 싶은 것
> 즐겨도
> 괴로움은 있기 마련
>
> 자신을 다스려
> 고요한
> 즐거움을 지키라는
> 어머니
>
> ―「어머니 27」에서

검소함 몸에 익혀
쓸데없는 꾸밈
벗으라던 말씀
지금도 들립니다

—「어머니 36」에서

지식을 알고
세상을 아는 것도
중하지만
참을 줄 아는 것이
제일이니
심성을 구부릴 줄
알라 하시고

—「어머니 38」에서

27번의 시는 안분자족(安分自足)의 묘미를, 36번의 시는 허세로부터의 탈피를, 38번의 시는 온유한 마음과 견인의 자세가 가장 소중한 것임을 가르치고 긴유하였다. 이상에서 본 바와 같이 어머니의 가르침의 내용을 소개한 시들은 '시는 에피그램의 상태를 지향하는 것'이라는 명제가 실감이 닐 민큼, 간명하면서도 의미의 속살이 분명하게 갖추어진 표현에 닿고 있다. 결국 김초혜는 이러한 시들을 통해서 '나'의 어머니를 '우리'의 진정한 교사로 승화시킨 결과를 맞게 된 것이다.

추측컨대 김초혜는 이기주의와 물신론(物神論)의 팽배로 말미암은 가치관의 전도라는 암울한 현실에 한줌 빛이라도 던져보겠다는 의도에서 「어머니」 연작시를 꾸며 본 것인지도 모른다. 무한한 사랑과 희생정신과 인고로 표상되는 어머니가 '나'와 '우리'의 내면 속에서 끊임없이 살아 있는 한, 그리고 가르치는 존재로서 빛을 뿜어내는 한, 탐욕과 폭력 그리고 수성적(獸性的) 징후들이 점점 힘을 쓰지 못하리라는 희망을 갖게 될 것이다.

표제자 / 이근배

김초혜 시집

어머니

제1판 1쇄 / 1988년 4월 30일
제2판 1쇄 / 1992년 11월 30일
제3판 1쇄 / 2013년 3월 25일
제3판 4쇄 / 2024년 11월 15일

저자 / 김초혜
발행인 / 송영석
발행처 / (株)해냄출판사

등록번호 / 제10-229호
등록일자 / 1988년 5월 11일(설립연도 | 1983년 6월 24일)

04042 서울시 마포구 잔다리로 30 예심빌딩 5·6층
대표전화 / 326-1600 팩스 / 326-1624
홈페이지 / www.hainaim.com

ⓒ 김초혜, 2013
ISBN 978-89-6574-375-0

저자와의 협의에 의하여 인지를 생략합니다.
파본은 본사나 구입하신 서점에서 교환하여 드립니다.